Lk⁷ 460

CONDUITE

DES

AUTORITÉS CIVILES

ET JUDICIAIRES

DE

LA VILLE D'ARNAY-SUR-ARROUX,

EN 1814.

CONDUITE

QU'ONT TENUE LES AUTORITÉS DE LA VILLE D'ARNAY-SUR-ARROUX, EN 1814, ENVERS LEURS ADMINISTRÉS;

POT-POURRI;

AMENDE HONORABLE,

OU

QUELQUE CHOSE D'APPROCHANT.

A DIJON,

DE L'IMPRIMERIE DE CARION.

JUIN 1815.

CONDUITE

Qu'ont tenue les Autorités de la ville d'Arnay-sur-Arroux, en 1814, envers leurs Administrés.

Arnay-sur-Arroux (Côte-d'Or), le 12 avril 1814.

Les Membres des Autorités civiles et judiciaires de la ville d'Arnay-sur-Arroux,

A Monsieur le Baron de BARTEINSTEIN, Gouverneur général du département de la Côte-d'Or.

Monsieur,

Les autorités civiles et judiciaires, accompagnées des membres du conseil de la commune et d'un grand nombre de bons citoyens, publièrent hier avec la plus grande solennité l'acte du sénat qui prononce la déchéance de Napoléon Bonaparte, et autres pièces relatives à cet heureux événement. Cette lecture fut entendue par le public avec le plus grand intérêt, et suivie des acclamations mille fois répétées de *vive Louis XVIII! vive les puissances alliées! vive la paix!* Le drapeau blanc fut de suite placé sur l'hôtel-de-ville, et le cortége était sur le point de rentrer, quand des cris de *vive l'empereur Napoleon! à bas la cocarde blanche!* se sont fait entendre. A l'instant, les bons citoyens s'empressèrent d'arrêter l'individu qui paraissait être à la tête du parti ; et, comme ils le conduisaient en prison, ses partisans l'arrachèrent de leurs mains avec tant de violence, qu'un membre du conseil municipal fut outragé et fortement frappé, avec des imprécations et des menaces envers la chose publique et les magistrats : la prudence fit prendre le parti de la retraite.

Cette rebellion, l'outrage fait au nouveau gouvernement, ne peuvent rester impunis, sans quoi les lois seraient sans force, et les magistrats sans autorité.

Nous ne vous tairons point, monsieur, qu'il existe dans cette petite ville quelques malveillans très-hardis et très-entreprenans, qui depuis long-temps ne cessent de nous donner la plus grande sollicitude, ainsi qu'à tous les bons citoyens. Cette réunion est composée de militaires retirés qui ont tout tenté pour former des compagnies franches; de gens qui font partie de la bande de partisans qui existe encore aujourd'hui à Chissey, entre Autun et Saulieu, et enfin de quelques individus repris de justice pour faits graves.

Ces malveillans sont: *Jean Gérard*, boucher en cette ville, ex-militaire pensionné, qui a frappé rudement le membre du conseil M. de la Bresle de Saint-Gérand, homme paisible, estimé et aimé de tout le monde;

Jean Delas, fils aîné de Jean Delas, huissier en cette ville, faisant partie de la bande de Chissey;

Le nommé *Cugny*, orfévre à Arnay, homme colère, méchant, dangereux, repris plusieurs fois de justice pour faits graves, et mis en surveillance par le ministre de la police générale;

Enfin le nommé *Chauvelot*, du hameau de Maizières, commune de Magnien, canton d'Arnay, ex-militaire, et celui qui était à la tête du parti.

Nous vous prions donc, monsieur le gouverneur, de nous envoyer ici promptement vingt-cinq hommes de cavalerie et autant d'infanterie, qui se saisiront et conduiront par-devant vous ces quatre individus, que vous ferez emprisonner pendant tout le temps que vous jugerez à propos.

Nous sommes véritablement affligés d'être forcés d'avoir recours à une pareille mesure; mais, nous le répétons, nous ne parviendrons point à maintenir l'ordre et la tran-

(4)

quillité publique sans la mesure que nous vous proposons de prendre.

Il serait à propos que ce détachement fût commandé par un officier qui sût parler notre langue.

Nous sommes avec respect,

Monsieur,

Vos très-humbles et obéissans serviteurs,

GODARD-BARIVE, *juge de paix;*
BILLEQUIN, *maire;* *
GAUTREJET, *premier adjoint.*

P. S. Pour assurer l'expédition, il convient que le commandant du détachement arrive à la ville quelques heures avant, afin de pouvoir lui donner les renseignemens nécessaires sans lesquels l'arrestation pourrait ne pas avoir lieu.

* *Visé pour valoir timbre de quatre-vingt-trois centimes, dixième compris. Arnay-sur-Arroux, le 24 mai 1815.*
Signé JOLY.

Enregistré à Arnay le 24 mai 1815, fol. 119 et 120. Reçu un franc dix cent.
Signé JOLY.

POT-POURRI,

OU

NARRATION DES HAUTS FAITS

DU CONSEIL MUNICIPAL

D'ARNAY-*LE-DUC*.

~~~~~~~~~~~~~~~~~~~~~~~~~~~~~~~~~~~~~~~

    Respecte le malheur, homme son tributaire,
     Respecte-le, qui que tu sois :
    C'est le fléau du crime et des vertus le père ;
     C'est l'exemple des rois.

Air du cantique de saint Roch.

Accourez tous, clergé, nobles, canailles,
Du nouveau roi, très-benins défenseurs,
Qui bravement, le sachant à Versailles,
Osez enfin déployer vos grands cœurs.
   En pleine place,
   Sur mainte face,
   De vos hauts faits
   Je chante les effets.

Air : *La bonne aventure, ô gué!*

Il advient que sur un point,
 Connu dans l'histoire,
Des gens qui ne le sont point,
 Et l'on peut m'en croire,
Ont, à défaut de tambour,
Crié dans chaque faubourg
 La bonne aventure, ô gué!
 La bonne aventure!

Air : *Va t'en voir s'ils viennent, Jean.*

Sans respect pour un grand homme,
Et proclamant son malheur,
Ils nous ont promis en somme,
Le repos et le bonheur.
Va t'en voir s'ils viennent, Jean,
 Va t'en voir s'ils viennent.

Air : *Plus on est de fous, plus on rit.*

Gaiment je donnerai la liste
De cet illustre comité
De bonnets rouges, royalistes,
De sans-culottes culottés ;
De grands seigneurs à métairies,
De parasites sans esprit,
De femmes, de filles aguerries :
Plus on est de fous, plus on rit.

Air du Trictrac, ou *Ah ! bon dieu, queuqu' c'est qu' ça !*

D'un vampire impitoyable,
Gorgé de sang et de bien,
D'un fourbe au cœur implacable,
Qui pense mal et dit bien,
On voit la main avilie
Flétrir ce qu'elle encensa ;
Et, plein d'horreur, on s'écrie :
Ah ! bon dieu, queuqu' c'est qu' ça ! *bis.*

Air : *Ran tan plan, tire-lire.*

Rions-en sans mot dire,
Ran tan plan, tire-lire ;
Aussi bien, au premier rang,
En plein plan, ran tan plan, tire-lire en plan,
Aussi bien au premier rang
Est un *comte* pour rire,
Ran tan plan, tire-lire,
Est un *comte* pour rire.

Air : *Si c' n'était l'honneur des dames.*

S'il faut décliner, mesdames,
Ses qualités et son nom :
C'est un comte aimé des femmes,
Verse à boire,
Qui n'est ni juste, ni rond,
Versez donc.

Air du noël de La Monnoye : *Que d'âne et de bœufs je sais!*

Fièrement venait ensuite
Un Jean Bart, noble d'autant,
Qui, terre et mer désertant,
Dans les dangers prit la fuite ;
On tient, d'un commun aveu,
D'après pareille conduite,
On tient, d'un commun aveu,
Qu'il craint l'eau comme le feu.

Air : *Il vaut bien mieux moins d'argent.*

Abhorrant la mitraille,
Le susdit émigré
S'est enfui sans la maille,
Et de même est rentré ;
Mais il vaut mieux moins d'argent,
Et vivre et boire, et boire et vivre ;
Il vaut mieux moins d'argent,
Et vivre plus long-temps.

Air du Château de Monténéro : *Mais patience.*

Sans biens, sans mœurs, sans foi, sans nom,
S'y carrait un double faussaire,
Complaisant, puis barbare père,
Vil délateur, heureux fripon ;
Mais patience, mais patience :

N'en jugeons pas sur l'apparence,
Tout ici n'est qu'illusion :
La bonne ou mauvaise action,
A tôt ou tard sa recompense.

Air : *Mon père était pot.*

L'un, en façon de ci-devant,
    Affichant la cocarde,
Semblait un hideux revenant
    Echappé par mégarde.
      D'où vient ton grand nom,
      Lui demanda-t-on ?
    Il répondit sans crainte :
    Mon père était pot,
    Ma mère était broc,
    Ma grand'mère était pinte.

Air : *J'ai chez moi un joli perroquet.*

Suivaient les trois plus sots fanfarons
    Qu'ait fournis notre ville ;
On chante en chœur, avant leurs noms,
    Le prénom d'*imbécille.*
Ah ! du moins, conviens-en, mon cher,
Les paroles sont bien sur l'air :
    Il est tant de gens de bien
    Qui *s'pavanent*, et ne sont rien.

Air : *Sautez par la croisée.*

Cet autre, à qui Mars a livré
D'un fort la dépouille tonnante,
Depuis, par Thémis inspiré,
Prit une marche plus décente.
Celui dont la souple vertu
A plus d'un rôle est exercée,
Est le même homme qu'on a vu
    Sauter par la croisée.   *bis.*

Air : *Savez-vous pourquoi qu'Ovide ?*

D'un vieux café sans pratique,
Venait le maître brutal ;
Mais la femme, qui s'en pique,
En fait *un palais royal* :
Et tout y va, la derirette,
Juge *et pieds-plats*, la derira.

Air : *Si c'n'était l'honneur des dames.*

Sur le tout venaient des femmes
Sans pudeur et sans raison ;
Si c'n'était l'honneur des dames,
    Verse à boire,
Nous vous en dirions le nom,
    Versez donc.

Air : *Où allez-vous, monsieur l'abbé ?*

Ce lieu mal sûr, pour tant d'attraits,
Leur vit essuyer en effet,
A travers force injures,
  Eh bien !
Des vérités trop dures,
Vous m'entendez bien.

Air des Députés : *Ah ! le grand, le beau serment !*

Ah ! le beau rassemblement !
Comm' ça l'on n'en verra guère ;
Ah ! le beau rassemblement !
S'il eût fini plus gaîment.
On eût vu ces maîtres fats,
Dont plusieurs faisaient la roue,
Pousser au ciel des *vivat*,
Qui tous les couvraient de boue.
Ah ! le beau rassemblement ! etc.

LEUR CHANT DE TRIOMPHE.

Air : *Allons, enfans de la patrie.*

Partisans de la tyrannie,
Le jour de gloire est arrivé ;
Liberté, liberté flétrie,
Ton règne auguste est achevé. *bis.*
Voyez sur nos villes en flammes
Courir ces féroces soldats :
Au trône ils traînent sur leurs pas
Un pauvre roi presque sans armes.

Aimons jusqu'à nos maux,
Abjurons un héros;
Chantons, chantons, baisons les fers
Que nous rend l'univers.

Air : *Du haut en bas.*

C'était ainsi
Qu'un vil ramas criait victoire,
C'était ainsi,
Avant qu'il n'eût crié merci.
Lors à ce chant diffamatoire,
Un vieux favori de la gloire,
Répond ainsi :

Air : *Allons, enfans de la patrie.*

Que veut cette horde d'esclaves,
De traîtres, d'ingrats conjurés ?
Vient-elle essayer ses entraves
Sur nos bras long-temps éprouvés ? *bis.*
De ma déplorable patrie,
Grand dieu, détourne tant de maux !
Sauve la France et mon héros !
Vertus des cieux, sauvez *Marie* !
   A moi, vrais citoyens;
   Brisons ces vils liens;
   Disons, crions à l'unisson :
   VIVE NAPOLÉON !

Air : *Il était un moine blanc.*

Un magistrat l'entendant,
Il grognait, il grognait ;
Son voisin lui demandant
Ce qu'il avait, ce qu'il voulait :
Ne pourrions-nous punir le traître ?
Ne pourrions-nous ? Nous sommes tant.
 Punissons-le hardiment,
 Ses pareils sont en campagne ;
 Punissons-le hardiment :
 Il est seul ; nous sommes tant.

Redoublement d'air.

En prison rends-toi, manant ;
Et qu'à notre aspect tout cède ;
En prison rends-toi, manant :
Obéis ; nous sommes tant.

Lâches, vous n'êtes pas, dit-il, encore assez ;
Et sur eux à l'instant il tombe à coups pressés.

Air : *Colinette au bois s'en alla.*

Il faut voir comme il les frotta,
Ta la deri dera, ta la deri dera :
 L'un fuyait ici, l'autre là ;
 En vrais chiens fous il les poussa
  Sans tambour ni trompette,
Ta la deri dera, ta la deri dera.
 N'y a pas d' mal à ça, Colinette,
 N'y a pas d' mal à ça.

2.

Air du menuet : *Baise mon chien.*

Quel désespoir !
Sous le nombre enfin il succombe ;
Quel désespoir !
On l'entraîne au cabinet noir.

Air : *Eh ! mais, oui-dà.*

Pour lui prêter main forte,
S'élancent sans retard
Sur la vaillante escorte
L'un et l'autre Gérard.
Eh ! mais, oui-dà,
On ne saurait trouver du mal à ça.

Air : *Les diables prennent le cochon.*

Tous deux fondent à l'unisson
Sur la troupe effrayée,
Et l'autre, narguant la prison,
Fend la foule étrillée :
Par-tout les coups, tombant d'aplomb,
La faridondaine, la faridondon,
Saboulaient le noble parti,
Biribi,
A la façon de Barbari mon ami.

LE CITOYEN GÉRARD A L'ASSEMBLÉE DES NOTABLES.

Air : *Rendez-moi mon écuelle de bois.*

Déposez la cocarde à l'instant,
    Déposez la cocarde ;
A l'ordre, m'entends-tu *Nian-Nian* ?
Je crois, maraud, que tu la gardes.
Pose-moi la cocarde à l'instant,
    Pose-moi la cocarde.

    Bien fin ou bien adroit quiconque l'escamote :
    Il l'a subtilement mise dans sa culotte.

Air : *Foulons l'herbe, elle reviendra.*

L'un criait ici, l'autre là :
Sauve qui peut, moi je m'en va ;
Un autre, tendant les épaules,
Et recevant des coups de gaule,
Disait : va, tu me le paieras.
Et flic, et floc, et flon, messieurs, retirez-vous :
Ils en auront morbleu sur le ventre et par-tout.

Air : *Que n'étais-je ici, que n'étais-je là !*

    Blessé dans la mêlée,
L'un, au fort du combat, là, là,
    Criait : quelle assemblée !
Et parmi ses hélas, là, là,
Que faisais-ici, que faisais-je là !

Air de la Codaki.

Un pauvre diable eut tant peur,
Voyant sa bande défaite,
Qu'il prit, malgré son grand cœur,
Le parti de la retraite.
Coups de pieds au cul le suivent, hélas!
Ah! cruel, dit-il, ne redoublez pas :
Ya, ya, ya, que dirait ma caste
Si la codaki me veni manqua ?
En codaki, en codaki,
Si la codaki me veni manqua ?

Air : *Du haut en bas.*

Notre fuyard,
Digne d'un destin moins funeste,
Notre fuyard,
Fut atteint par l'un des Gérard.
Je ne le croyais pas si leste :
Il ne demandait pas son reste
Notre fuyard.

O rage, disait-il! ô lenteur ennemie!
N'ai-je donc tant couru que pour cette infamie?

Air des Visitandines : *Ah! de quel souvenir affreux.*

Tandis que, sans ménagement,
Il vous houspille sa hautesse,
Qui poussait plus de hurlemens
Que n'eût fait le diable à confesse,

Il lui disait avec douceur :
A l'avenir sois plus modeste.
« Je vous entends, mon bon seigneur,   ⎫ bis.
» Ah ! daignez m'épargner le reste. »   ⎭

Air : *Malbrough s'en va-t-en guerre.*

La cérémonie faite,
Mironton, ton ton mirontaine,
La cérémonie faite,
Il revint sur les rangs,   bis.
Où de nos troubles-fête
Finit la guerre et la conquête,
Faute de combattans.   bis.

Car, des grands éperdus, sans couleur, sans cocarde,
Le troupeau, dispersé, fuit à la débandade.

Même air.

Nous avions de l'ouvrage,
Dit Gérard, quel parti ! quel courage !
Nous avions de l'ouvrage,
Parbleu, pour l'attraper ;   bis.
S'il en veut davantage,
Quoiqu'ils soient seize faisant rage,
S'il en veut davantage,
N'y a qu'à recommencer.   bis.

Un ci-devant, traînard, l'écoutant, demi-mort,
A ces terribles mots s'enfuit, et court encor.

Air : *Dans le fond d'une écurie.*

Après d'indignes conclaves,
L'un de ces nobles bandits,
Fut trouver les ennemis
Et leur dit : Messieurs les braves,
En ma caste et ses amis,
Venez venger vos esclaves;
Venez, nous sommes honnis :
Je vous livre mon pays.

Air : *Du haut en bas.*

Sans dégaîner
Si leur patron a fait merveille,
Sans dégaîner,
Les blâmez-vous de l'imiter ?
Vingt contre trois, qu'honneur conseille,
Font bien de vider leurs querelles
Sans dégaîner.

Air : *Femmes voulez-vous éprouver.*

Avant tout, de nos magistrats
Louons le zèle expiatoire,
Qui rend prôneurs des potentats
Les vils suppots du consistoire.

On vit leurs votes assassins
Immoler un roi magnanime ;
Aujourd'hui par les mêmes mains
On voit encenser leur victime.

Le lâche est toujours traître, au moins dans les revers ;
Et, s'il ne peut les mordre, il baisera ses fers.

Air : *Ça n' dur'ra pas toujours.*

Certe en notre mémoire
Nous garderons ces tours ;
Mais leur fourbe et leur gloire,
Et leurs lâches secours,
Ça n'dur'ra pas toujours.　　　　*ter.*

A NAPOLÉON.

Grand homme, grand guerrier, ô vous qui, sous le nombre,
　　Fûtes moins vaincu qu'accablé ;
Grand vainqueur, grand génie, et peut-être grande ombre,
Grâce à vingt rois garans de la foi d'un traité ;

Mort ou vivant, grand roi que la gloire accompagne,
De notre siècle ingrat, par vous rendu fameux,
N'attendez ni regrets, ni retour généreux,
La fortune, ô héros! n'est plus votre compagne.
Naguère à vos genoux, le monde vous condamne;
De lui n'attendez plus ni justice, ni vœux :
  Vous avez cessé d'être heureux !

AMENDE HONORABLE,

ou

QUELQUE CHOSE D'APPROCHANT.

Les sots sont ici bas pour nos menus plaisirs.

O puissant Jupiter ! roi des rois et des dieux,
Si jamais tu goûtas mon encens et mes vœux,
   En ce jour sois-moi propice,
   Tire-moi d'un précipice,
Ou tout au moins d'un pas fort épineux !
Voici le fait : je m'en souviens des mieux.
   Moitié franchise ou malice,
   Moitié vengeance ou justice,
J'ai, je l'avoue, ô penchant désastreux !
   Mis en vers assez heureux
   Une turpitude horrible,
   Mais d'autre part fort risible ;
J'ai peint au naturel, et même en radouci :
   De mes portraits on a ri.
On en a ri : voyez l'injustice, ou je meure ;
On en a ri : mais on veut que j'en pleure.
On va plus loin : si l'on me découvrait,

Peut-être qu'on me pendrait.
Grand dieu, voyez la cause et jugez de l'effet !
Hélas ! être véritable,
Est-ce donc un cas pendable ?

Réponse de l'Oracle.

Il ne faut pas, mon fils, dire tout ce qu'on sait.

L'Auteur.

Je le vois, à l'heure qu'il est.
Mais si l'on me pendait, Jupiter secourable !

L'Oracle.

C'est bien dit : si l'on pouvait,
On en serait, je pense, assez capable ;
Pour la rareté du fait,
Vraiment je le voudrais : le cas est impayable.

L'Auteur.

Là, là, ne riez point, dans votre reconfort,
Je me tiens déjà pour mort.
Déjà plus d'un pédant, au bout d'un long exorde,
M'a souvent montré la corde ;
Mais c'est le pis aller ce moyen, dieu merci :
Je crains, gibet à part, qu'il me faille en ceci
Reblanchir, s'il se peut, l'honneur que j'ai noirci,
Ou bien perdre celui qu'en tous lieux on m'accorde.

L'Oracle.

Noirci, pauvre innocent, plaisante en est la mode !
Comment pourrait t'ôter l'honneur, ton premier bien,
Femme qui dès long-temps, crois-moi, n'a plus le sien ?
Son procès est tout fait en certain lieu du code.

L'Auteur.

Je reconnais trop tard ce qui plus m'a gâté :
C'est qu'au tartufe adroit, dont j'ai peint la méthode,
J'ai dit, hélas ! j'ai dit sa bonne vérité.
 Or, ce qui plus m'incommode,
 C'est que sa femme, ou plutôt son démon,
  D'impertinente mémoire,
  Du plus piquant de l'histoire
A pris sa bonne part, ainsi que de raison.
  Fléchir cette autre Alecton,
 C'est, comme on dit, la mer à boire.
Mais aussi je craindrais qu'ayant l'ame si noire,
  Elle n'employât du grimoire
  Pour me brouiller avec Pluton.
De son art infernal je sais quelle est la force.
L'envie, au cœur flétri, lui prête ses serpens ;
La sourde trahison, sa dangereuse amorce ;
La discorde, ses cris et ses fouets sanglans ;
  L'assassine perfidie,
  Le mensonge au noir venin,
  L'insidieuse calomnie,
 Germent d'eux-mêmes en son sein.

Immortel Jupiter, à qui tout est possible,
N'est-il pas quelque façon
D'appaiser le courroux de cette hydre terrible ?

L'Oracle.

Est-elle jeune ?

L'Auteur.

Eh ! mon dieu non.

L'Oracle.

Est-elle belle ?

L'Auteur.

Hélas ! horrible.

L'Oracle en colère.

Eh ! que demandez-vous donc ?
Tout Jupin que je suis, ferai-je l'impossible ?
Tenez-vous-le pour dit : vieille et laide guenon
Est de naturel irrascible,
Et son obstination
Est sa dernière raison.
Rendre telle mégère et juste, et raisonnable,
Si tel miracle était faisable,
J'en eusse fait, me semble, épreuve sur Junon :
Mais, quoi ! c'est impraticable.

L'Auteur.

Essayons toutefois.

L'Oracle.

Eh ! non, non, cent fois non.
Ce que pour toi je puis, fils chétif d'Apollon,
C'est de rendre méritoire
Le mal qu'on peut te faire en cette occasion :
Or je t'absous du purgatoire ;
Et bien cher je prédis que tu paîras ce don.

L'Auteur.

Mais si je lui faisais une amende honorable ?

L'Oracle furieux.

Faites, faites. Vraiment voyez ce mirmidon !
Ce que je n'ai pu faire, il le croira tentable.
Appaiser une duègne, encor de la façon !
Certes le trait est bouffon.
Allez, maraut, allez au diable,
Et ne rentrez jamais dans mon temple d'Ammon !
Sur mes pas, à ces mots, les portes se fermèrent,
Et des parvis sacrés les prêtres me chassèrent :
Car, pour le dire en passant,
Tout prêtre est intolérant.
Cependant en chemin ma cervelle travaille :
Puisqu'enfin, ai-je dit, tout me blesse et me nuit,
Suivons le jour qui me luit :
Là dessus, vaille que vaille,

J'ai rédigé toute la nuit
La douce amende qui suit :
Haute, très-haute et très-puissante dame,
Votre courroux enflammé
Ne m'a point encor nommé :
C'est donc pure bonté d'ame,
Si, de repentir touché,
Je confesse mon péché.
Comme j'ai réfléchi qu'enfin tout se découvre,
Qu'on peut lever, mes vers, le voile qui vous couvre,
Que mon amour-propre d'auteur,
Que sais-je, tôt ou tard, voudra s'en faire honneur,
J'aime mieux à l'amiable
Vous faire amende honorable;
Et j'en fais ici serment :
Si j'obtiens votre indulgence,
Dès demain je me nomme, et cela hautement;
Aussi bien ma conscience
Me reproche assez souvent,
Qu'on mette tel autre en danse
Qui n'y pensa nullement :
Et mon juste châtiment
Est d'en avoir l'ame en transe.
Tel jeu n'étant pour moi que gentille licence,
Pourrait pour d'autre être un peu trop méchant.
Comment obtenir quittance
De ce quiproquo plaisant,
Sinon de vous offrir mon humble repentance
Et mon projet d'amendement?
Or, sans aigre raillerie,

Venons au point capital.
Vous ai-je dit d'autre mal
Que chacun par-tout ne die,
Et bien plus en général ?
De votre joyeuse vie
Ai-je peint le cours fatal ?
Ai-je, ingrate, je vous prie,
Levé le voile bannal
De votre amour conjugal ?
Lorsqu'à ma muse légère,
Vous vouliez intenter une méchante affaire,
Je n'ai point dit que je vous défiais
De répondre à mes couplets ;
Je savais cependant, soit dit sans épigramme,
Que vos parens, ni vous, n'en feriez rien :
On leur vit plus souvent la rame,
M'a-t-on dit, que la plume en main.
Voyez l'aveuglement où la fureur vous jette,
Et que le mal n'est pas si grand que vous le faites !
Accueillez ma demande, et qu'un brusque dépit
Ne repousse pas ma prière :
Mais si mon humble aveu n'obtient la grâce entière,
Prenez que je n'ai rien dit.

ENVOI.

Estimable jeune homme, accueille cette épître ;
Au rôle d'éditeur consens à te plier.
Quand vérité paraît, n'importe sous quel titre :
Autant qu'on peut, il la faut publier.
Le juste au méchant ne doit pas pardonner.

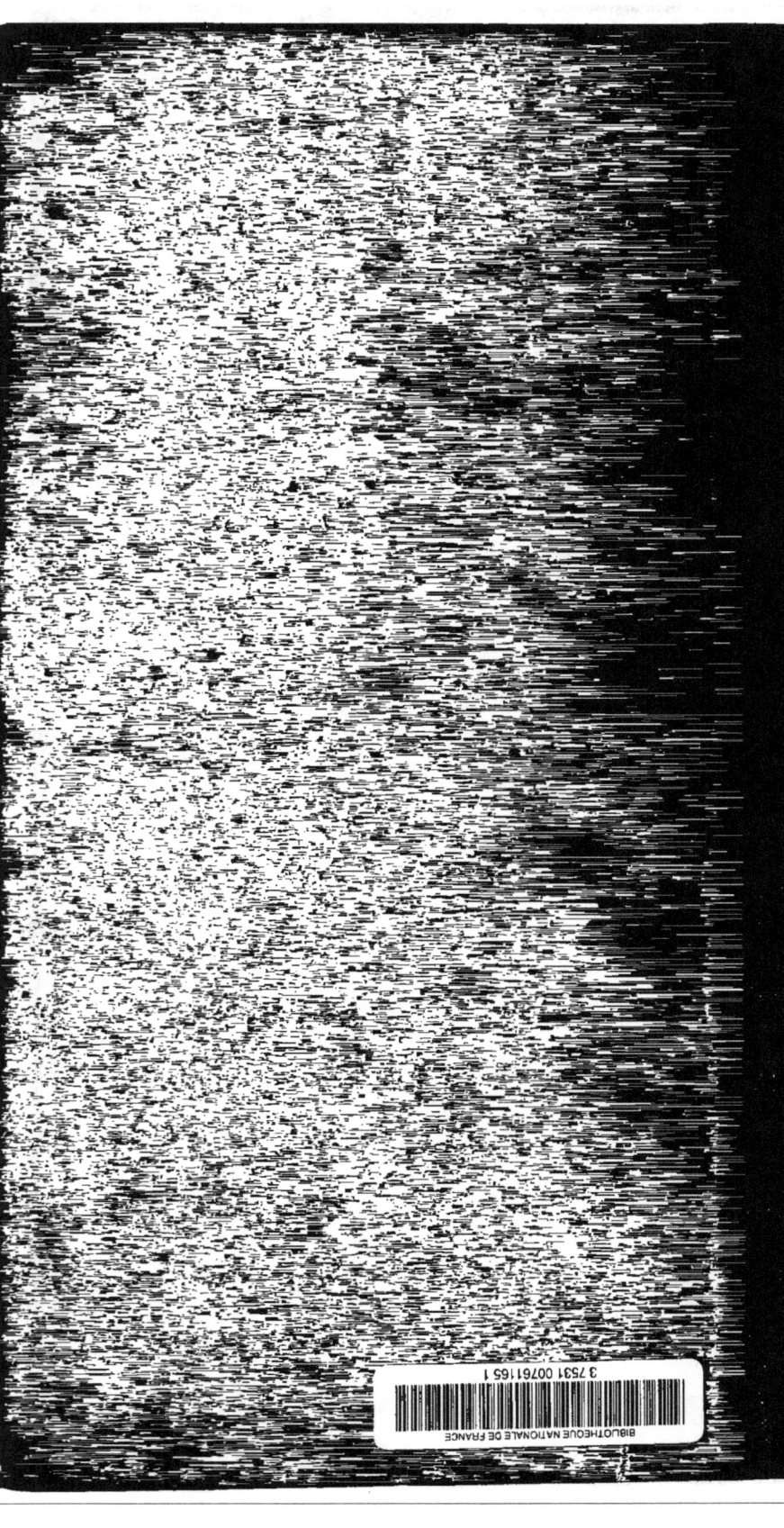

www.ingramcontent.com/pod-product-compliance
Lightning Source LLC
Chambersburg PA
CBHW060518050426
42451CB00009B/1050